Jorge Mario Bergoglio
Papst Franziskus

Über die Selbstanklage

Jorge Mario Bergoglio
Papst Franziskus

ÜBER DIE SELBSTANKLAGE

Eine Meditation über das Gewissen

Mit einer Einführung von Michael Sievernich SJ

FREIBURG · BASEL · WIEN

Titel der Originalausgabe:
Sobre la acusación de sí mismo
© 2005 Editorial Claretiana, Buenos Aires, Argentinien

Für die deutschsprachige Ausgabe:
© Verlag Herder GmbH, Freiburg im Breisgau 2013
Alle Rechte vorbehalten
www.herder.de

Umschlaggestaltung: Designbüro Gestaltungssaal
Umschlagfoto: © dpa / picture alliance

Satz Barbara Herrmann, Freiburg
Herstellung: CPI – Clausen & Bosse, Leck

Printed in Germany

ISBN 978-3-451-33451-1

Inhalt

Zu diesem Buch

Michael Sievernich SJ

Lebenskunst und Spiritualität

8

Über die Selbstanklage

Jorge Mario Bergoglio / Papst Franziskus

Vorwort

36

Die Selbstanklage

39

Quellentexte

Dorotheus von Gaza

Über die Selbstanklage

54

Weitere Texte aus verschiedenen Lehren und Briefen

68

Sentenzen

77

Michael Sievernich SJ

Zu diesem Buch

Lebenskunst und Spiritualität

> Solange wir voll Leidenschaft sind,
> dürfen wir in keiner Weise auf unser Herz vertrauen,
> denn ein krummes Maß macht auch das Gerade krumm.
> *(Dorotheus von Gaza, Sentenz 2)*

Dieses kleine Buch über die spirituelle Lebenskunst stammt von einem Lebensmeister, der zugleich Lesemeister ist. Denn es enthält zum einen die geistliche Weisheit eines Menschen, der die Spiritualität ein Leben lang gelehrt und, was noch wichtiger ist, ein Leben langt geübt hat. Die Symphonie von Lehre und Leben macht das Lebensgeheimnis eines jeden spirituellen Menschen aus. Zum anderen enthält das Buch den Text eines geistlichen Klassikers der späten Antike, dessen Methode der Selbsterkenntnis auch in der späten Moderne überraschende Einsichten bereithält. Dazu leitet der Lesemeister an.

Spirituelle Biographie

Die Rede ist von Papst Franziskus, der diese Schrift als Kardinalerzbischof von Buenos Aires herausgegeben hat und damit einen Aspekt der spirituellen Lebenskunst herausstellte, der nicht selten ausgeblendet wird. Welche geistliche Ausbildung aber hat Jorge

Mario Bergoglio, Jahrgang 1936, selbst genossen? In Buenos Aires geboren und aufgewachsen, fühlte er sich als Großstädter. In der Schulzeit prägten ihn spirituell die Salesianer, deren Schule er besuchte, insbesondere wohl Pater Enrique Pozzolli. Seine Ausbildung ist vielfältig, denn er absolvierte naturwissenschaftliche, geisteswissenschaftliche, pädagogische und philosophisch-theologische Lehrjahre und Studien, die meiste Zeit als Mitglied der Gesellschaft Jesu, in die er 1958 eingetreten war. Schon in jungen Jahren (1972/73) wurde er zum Novizenmeister bestellt und war für die geistliche Ausbildung der jungen Ordensmitglieder verantwortlich. Kurz danach amtierte er als Provinzoberer der argentinischen Provinz der Gesellschaft Jesu (1973–1979) und im Anschluss daran (1980–1986) als Rektor des großen Kollegs San José in San Miguel bei Buenos Aires, wo in den dortigen Fakultäten für Philosophie und Theologie der internationale Ordensnachwuchs ausgebildet wurde. Diese leitenden Tätigkeiten im Dienst des Jesuitenordens, die jeweils auf sechs Amtsjahre begrenzt sind, überdachte er in einem frühen Buch, das neben den Ausbildungsaspekten vor allem auf die »Übungen« abhebt.[1] Gemeint sind jene *Geistlichen Übun-*

---

[1] Jorge Mario Bergoglio, *Meditaciones para religiosos,* San Miguel (Buenos Aires) 1982.

gen, die der Ordensgründer Ignatius von Loyola in der frühen Neuzeit aufgrund seiner geistlichen Erfahrungen und Erleuchtungen als systematische Methode der Gottes- und Selbstsuche entworfen hatte. Sie machen das Herzstück der ignatianischen Spiritualität aus, die zum geistlichen Erbe der Kirche gehört und weit über ihre Grenzen hinaus praktiziert wird. Diese Spiritualität prägte wie alle Mitglieder des Ordens auch den Jesuiten Bergoglio sowie dessen pastorales Wirken, das er in der Pfarrseelsorge und als geistlicher Begleiter und Beichtvater in Schulen und Kirchen des Ordens in Buenos Aires und in Córdoba ausgeübt hat, wiederum eine »Amtszeit« lang (1986–1992). Dieser spirituelle Hintergrund prägt auch den geistlich-pastoralen Stil seiner Zeit als Weihbischof und Erzbischof von Buenos Aires (1992–2013), während der er von Johannes Paul II. zum Kardinal ernannt wurde (2001). Der Aufstieg in der kirchlichen Hierarchie beeinträchtigte nicht seinen einfachen Lebensstil, seine Zuwendung zum »pueblo«, zum einfachen Volk, seine Spontaneität in Situationen der Not und seine geistliche Schriftstellerei. All das charakterisiert ihn als Seelsorger, der durch Meditation und Gebet auch um die eigene Seele Sorge trägt und aus dieser geistlichen Erfahrung heraus zum geistlichen Schriftsteller wird, um andere teilhaben zu lassen.

Am 13. März 2013 zum Papst gewählt, nahm er den Namen Franziskus an, in dem programmatisch gebündelt ist, was ihn als geistlichen Lebensmeister bewegt. In gewissem Sinn folgt er damit dem heiligen Ignatius von Loyola, der sich in jungen Jahren in einer prekären Lebenssituation auf dem Krankenbett die Frage nach der Zukunft stellte: Sollte er seine weltliche Karriere als adeliger Lebemann seiner Zeit fortsetzen oder einen geistlichen Weg einschlagen? Denn Loyola fragte sich: »Was wäre, wenn ich täte, was der heilige Franziskus und was der heilige Dominikus getan haben?«[2] Wir wissen, welchen Weg Ignatius gewählt hat und was sich aus seiner Lebenswahl für die Kirche ergeben hat. Von Jorge Mario Bergoglio wissen wir, dass er die ignatianische Spiritualität authentisch lebt und sie durch die Wahl seines Papstnamens nun mit der Spiritualität des heiligen Franz von Assisi verknüpft. Mit dieser Option verbinden sich das Hingehen zu den existenziellen Peripherien und eine Stärke für die Schwachen, aber auch die drei Programmworte von Dank, Dienst und Demut, die der heilige Franz wie einen Schlussakkord in die letzte Zeile seines poetischen *Cantico delle creature*

---

[2] Ignatius von Loyola, *Bericht des Pilgers,* herausgegeben, übersetzt und eingeleitet von Michael Sievernich, mit Kupferstichen von Peter Paul Rubens und Jean Baptist Barbé, Wiesbaden 2006, 16.

(»Sonnengesang«) hineinkomponiert hat: »Lobt und preist meinen Herrn und sagt ihm Dank und dient ihm mit großer Demut« *(ringratiate e servirteli cum grande umilitate)*.[3]

Als spiritueller Lebensmeister ist Jorge Mario Bergoglio SJ auch bei anderen Meistern in die Schule gegangen; zu den Namen von Ignatius von Loyola und Franz von Assisi gesellen sich weitere wie Teresa von Ávila und Johannes vom Kreuz, aber auch die »Wüstenväter«, die es ihm angetan haben. Es handelt sich um jene frühe christliche Mönchsbewegung, die in Oberägypten begann, sich auf den Sinai, nach Palästina und Syrien ausbreitete und schließlich die Voraussetzung für das vielgestaltige europäische Mönchtum bildete, das Europa seine religiöse und kulturelle Prägung gab. Man braucht sich nur die immer neuen Wellen von Ordensgründungen von Männern und Frauen in Erinnerung zu rufen, angefangen bei der monastischen Bewegung Benedikts von Nursia und der Zisterzienser über die Mendikanten (Bettelorden) des Mittelalters wie Dominikaner und Franziskaner bis hin zu den frühneuzeitlichen Jesuiten und den missionarisch orientierten Gründungen des 19. Jahrhunderts sowie den neuen

---

[3] Leonhard Lehmann (Hg.), *Das Testament eines Armen. Die Schriften des Franz von Assisi,* Werl 1999, 53.

geistlichen Bewegungen der Gegenwart. Wie der Wind weht auch der Geist, »wo er will; du hörst sein Brausen, weißt aber nicht, woher er kommt und wohin er geht. So ist es mit jedem, der aus dem Geist geboren ist« (Joh 3,8).

Weisheit der Wüste

Im vorliegenden Buch, das Kardinal Bergoglio erstmals im Jahr 2005 veröffentlicht hat, zeigt er sich als Lesemeister, der zu einem alten Text hinführt und dessen sperriges Thema der Selbstanklage so kommentiert, dass die geistliche Kraft und das humane Potenzial zu Tage treten. Der alte Text des Dorotheus von Gaza, der hier für die Gegenwart wieder zum Leuchten gebracht wird, kreist um die innere Selbstgestaltung vor Gott, die nicht ohne kritische Selbstwahrnehmung und Selbstanklage zu haben ist. Diese zielführende, nur durch lange Übung zu erlangende Weisheit ist vielleicht nur in der Wüste zu erreichen, wo das Elementare an Gewicht gewinnt und das Allotria seine Attraktivität verliert. Strenge Weisheit der Wüste weht die Meditierenden hier an. Nicht nur die elementare Natur trägt zur Reduktion aufs menschlich Elementare bei. Die Wüste erinnert auch an die biblische Wüstenwanderung des Volkes Israel, den Auszug aus der Sklaverei Ägyptens in die Freiheit des gelobten Landes, erzählt im biblischen Buch Exodus (12–18). Die 40 Jahre der Wüstenwanderung wurden zum Symbol der Nähe Gottes, aber auch der Prüfung, Versuchung und inneren Reinigung (Dtn 8,2). Daher berichtet auch das Neue Testament von dem 40-tägigen Fasten Jesu in der Wüste, wo er vom »Teufel« *(diábolos)* in dreifache Versuchung geführt wurde. Im naturalen Raum der Wüste erwächst auch für den Eremiten, den Einsiedler in der Wüste, die Erkenntnis des eigenen Selbst und die agonale Entscheidung zwischen Gut und Böse, diabolische Versuchungen nicht ausgeschlossen. Darüber berichten die Wüstenväter in Geschichten und Sprüchen, welche die Weisheit der Wüste widerspiegeln.[4] Als berühmtester unter ihnen gilt der Mönchsvater Antonius der Große († 356), dessen Versuchungen Künstler wie Hieronymus Bosch, Matthias Grünewald, Paul Cézanne oder Salvador Dalí und viele andere so angeregt haben.

Dorotheus von Gaza, von dem die hier zugrundeliegende Unterweisung stammt, gehörte zum Umkreis der späten christlichen Wüstenmönche. Sie zogen sich seit dem 3. Jahrhundert entweder als Ein-

---

[4] Vgl. die Sammlung: *Weisung der Väter. Apophthegmata patrum,* auch Gerontikon oder Alphabeticum genannt, eingeleitet und übersetzt von Bonifaz Miller, Freiburg i. Br. 1965.

siedler (Anachoreten) oder zum gemeinsamen Leben in Klöstern (Koinobiten) in die Wüsten des Vorderen Orients zurück, um in der Stille die innere Herzensruhe zu finden. Die genauen Lebensdaten von Dorotheus sind nicht bekannt; er dürfte ungefähr von 510 bis 580 gelebt haben.[5] Wohl in Antiochia geboren, stammte er aus einer begüterten Familie, die ihm den Erwerb einer umfassenden antiken Bildung ermöglichte; diese entsprach in etwa den sieben freien Künsten, die sich mit der Welt der Sprache (Grammatik, Rhetorik, Dialektik) und der Welt der Zahlen (Arithmetik, Geometrie, Astronomie, Musik) befassten. Wohl auf einer Pilgerreise gelangte er ins Heilige Land und blieb als Mönch in Palästina. Dort trat er in das Kloster des Abtes Seridus ein, wo er für die Kranken und Fremden Sorge zu tragen hatte. Hatte er sich früher mit Feuereifer der weltlichen Bildung gewidmet und darüber bisweilen Freunde und Essen vergessen, so widmete er sich nun mit Übereifer dem Leben als Mönch, wie aus dem Briefwechsel mit seinen geistlichen Meistern hervorgeht, bei denen er in die Schule des Gebets und der Gebote ging. Diese hielten ihn zu

---

[5] Vgl. zu Person und Werk Judith Pauli, *Menschsein und Menschwerden nach der geistlichen Lehre des Dorotheus von Gaza*, St. Ottilien 1998.

einem »Weg der Mitte« an, zum königlichen Weg, der kein anderer ist als der Weg der Tugend *(areté)*.

Das Kloster gehörte zur monastischen Landschaft, die sich in der Nähe der Stadt Gaza in Palästina gebildet hatte. Südpalästina war damals unter Kaiser Justinian I. Teil des Byzantinischen Reichs, lag in verkehrsgünstiger Lage am östlichen Mittelmeer und an der stark frequentierten Fernstraße *Via maris*. Die geographische Lage förderte Handel und Kultur der Stadt Gaza, in deren Umfeld es zu einer Blütezeit des Gazamönchtums kam.[6] Allerdings fielen Stadt, Region und Klöster in der ersten Hälfte des 7. Jahrhunderts der arabischen Eroberung zum Opfer. Die Nähe zur Stadt Gaza gab dem Mönchtum im Umfeld eine eigenartige urbane Note. Es stand der profanen Bildung nicht skeptisch gegenüber, sondern war bildungsfreundlich. Dazu trug die Rhetorenschule in Gaza bei, deren Gelehrte christliche und heidnische Themen verknüpften. Dorotheus von Gaza selbst stand ja in der antiken Bildungstradition, machte Gebrauch vom zeitgenössischen Wissen und kannte die großen Kirchenväter

---

[6] Vgl. John Chryssavgis u. a., *Il deserto di Gaza. Barsanufio, Giovanni e Doroteo.* Atti dell'XI convegno ecumenico internazionale di spiritualità ortodossa sezione bizantina, Bose, 14–16 settembre 2003, a cura di Sabino Chialà e Lisa Cremaschi, Magnano (BI) 2004.

wie Evagrius Ponticus, Gregor von Nazianz, Johannes Chrysostomus oder Cassian, auf deren Schultern er stand. Er schrieb im einfachen Stil in seiner Muttersprache Griechisch auf, was er seinen Schülern durch seine Unterweisungen auf den geistlichen Weg mitgeben wollte.

Nach einer längeren Lehrzeit bei seinen Lehrmeistern verließ Dorotheus von Gaza um 440 das Seriduskloster und gründete ein eigenes Kloster, in dem sich bald, von der spirituellen Kunst des geistlichen Vaters angezogen, Schüler sammelten, um die mönchische Lebenskunst zu erlernen. Die gute Bildung versetzte ihn in die Lage, zu einem fruchtbaren geistlichen Schriftsteller zu werden. So hinterließ er 17 längere Weisungen *(didaskalia)*, die in Griechisch verfasst waren, aber später auch in andere Sprachen übertragen wurden. Schon im Mittelalter wurden die Lehrstücke ins Arabische übersetzt; die Handschriften werden im Katharinenkloster auf dem Sinai aufbewahrt. In einem georgischen Kloster auf dem Athos in Griechenland wurden sie ins Georgische übersetzt. Außer den Weisungen gehört zum überlieferten Werk des Dorotheus die Lebensbeschreibung seines schnell lernenden Meisterschülers Dositheus. Des Weiteren sind eine Reihe von Briefen sowie einzelne Aussprüche überliefert. Die Weisungen und Sprüche des Dorotheus bildeten eine Sammlung und wurden vielfach übernommen, zitiert und auf mannigfache Weise verbreitet – aufgrund der Sprache zunächst im östlichen Mönchtum, nach der Übersetzung ins Lateinische auch im Westen, wohl erstmals im 11. Jahrhundert in Montecassino, der Wiege des westlichen Mönchtums. Heute sind die Werke in zahlreichen europäischen Sprachen zugänglich, auch in einer griechisch-deutschen Ausgabe;[7] die spanischsprachige Ausgabe erschien in Argentinien.[8]

In einem zeitgenössischen Brief wird Dorotheus folgendermaßen charakterisiert: »Er war wirklich geeignet, Seelen zu lehren und zu erleuchten, erfüllt von Einsicht und noch mehr von Verständnis, groß in der Weisheit und größer noch in der Frömmigkeit, erhaben in geistlicher Einsicht und erhabener noch in der Demut, reich in Gott und arm im Geist, freundlich in seiner Rede und freundlicher noch in der Begegnung. Er war ein Arzt, der jede Krankheit

---

[7] Dorotheus von Gaza, *Doctrinae diversae / Die geistliche Lehre,* übersetzt und eingeleitet von Judith Pauli OSB, 2 Bde. (Fontes christiani 37/1 + 2), Freiburg i. Br. 2000 (im laufenden Text zitiert unter Dorotheus I und II).

[8] Santo Doroteo de Gaza, *Conferencias,* introducción y traducción de Fernando Rivas, Victoria (Argentinien) 1990. Vgl. Fernando L. Rivas OSB, *La fundamentación litúrgica de las enseñanzas de Doroteo de Gaza* (Studia Anselmiana 155 / Analecta liturgica 30), Roma 2012.

und ihr Heilmittel kannte, der Reichen, Armen, Weisen, Ungebildeten, Frauen, Männern, Alten, Jungen, Bedrängten, Fröhlichen, Fremden, Landsleuten, Weltmenschen, Mönchen, Herrschern, Untergebenen, Sklaven, Freien jene heilige und vielgestaltige Unterstützung zuteilte, dass er immer allen alles wurde und eine große Zahl gewann« (Dorotheus I, 97). Auch wenn man die hagiographische Grundstimmung berücksichtigt, werden doch eine vielseitige Persönlichkeit und die Fähigkeit sichtbar, positiv auf andere einzugehen und wie ein Arzt zu wirken. Das Bild des Arztes ist nicht zufällig gewählt, denn einerseits verfügte er über medizinische Kenntnisse und andererseits traf die Metapher des Arztes seine Tätigkeit als Seelsorger, der die Heilmittel gegen die Krankheiten der Seele kennt und anzuwenden versteht. Die Themen, die Dorotheus in seinen Unterweisungen anschneidet, sind solche des menschlichen Lebens, des christlichen Lebens und des Mönchslebens, die ineinanderspielen. Entsagung oder Abkehr von der Welt, Schweigen und Stille mögen typisch für das monastische Leben sein, aber die meisten Themen gelten auch fürs christliche Leben und darüber hinaus für jedes menschliche Leben. So beziehen sich Sakramente wie die Taufe oder die Gebote mehr auf das christliche Leben; Gewissen, Lüge, Leidenschaft und Tugend dagegen gehen aufgrund ihrer anthropologischen Dimension darüber hinaus und sind von allgemeinem Interesse. Das gilt auch für die Unterweisung zur »Selbstanklage«, die eng mit der Formung des Gewissens zusammenhängt.

Zeitgenössische Lebenskunst

Der Inhalt des vorliegenden kleinen Buches ist eine Anleitung zur geistlichen Lebenskunst. Als Grundlage dafür dient ein spätantiker Text des östlichen Mönchtums, den Dorotheus von Gaza verfasst hat. Die Einleitung von Erzbischof Bergoglio, dem heutigen Papst Franziskus, bettet den spätantiken Text in den zeitgenössischen Kontext ein und geht sehr lebensnah von der Unsitte aus, schlecht über andere Mitmenschen zu reden und Verdacht gegen sie zu hegen oder auszustreuen. Diese neue Einbettung des alten Textes setzt spirituelle Einsichten frei für den heutigen Leser und die heutige Leserin, die sich auf den Weg realistischer Selbsterkenntnis und Gottsuche machen.

Was ein alter Text im neuen Kontext zu suchen hat, wird an der Tatsache offensichtlich, dass heutzutage viele Zeitgenossen zu klassischen Texten der Antike und Neuzeit greifen, um zu einer reflektierteren Lebensführung zu gelangen. Lebenskunst ist tatsächlich eine »Kunst« *(ars vivendi),* aber keine darstellende Kunst, obwohl es auch viele »Lebenskünstler« gibt, auch keine handwerklich herstellende Kunst. Vielmehr geht es um die mit viel Übung verbundene Kunst, das Leben nicht nur zu leben, wie es gerade kommt, sondern bewusst zu führen, vor Gottes Angesicht und dem Gewissen folgend. Es geht also nicht bloß um ein »gutes Leben« im Sinn des unbeschwerten Lebensgenusses, sondern auch um ein sittlich gutes Leben, das ethisch orientiert ist und verantwortlich gelebt wird. Ein solch gutes Leben ist responsorisch, weil es Antwort gibt auf den ethischen und religiösen Anspruch, der sich aus der Beziehung zu sich selbst, zu den anderen und zu Gott ergibt.

In der späten Moderne wächst der Bedarf an Orientierung und daher für eine angemessene Lebenskunst, die im Prozess der Globalisierung, wenn sich Raum und Zeit verdichten und die Schnelllebigkeit ihren Tribut fordert, standhält und den rasenden Lauf unterbricht. Spirituelle Lebenskunst verscheucht die Heidenangst und gewährt Seelenruhe. Doch die Differenzierung moderner Gesellschaften führt zu einer Individualisierung, in der sich jede und jeder seinen Lebensweg suchen und sein Lebenskonzept basteln muss. Dabei kann und müssen wir aus den pluralen Möglichkeiten auswählen, eine Option treffen, ob im privaten oder im beruflichen

Leben, ob intellektuell oder religiös. Der Einzelne unterliegt im Pluralismus der Zeit dem Zwang zur Auswahl, oder wenn man das Wort einmal ins Griechische *(hairesis)* übersetzt, dem »Zwang zur Häresie« (Peter L. Berger).

Die Geistesgeschichte Europas und anderer Kulturräume hält reichhaltige Ressourcen philosophischer und theologischer Art bereit. Besonders in Krisenzeiten tauchen Entwürfe zur Lebenskunst und zur Spiritualität auf, die existenzielle Tröstung und praktische Orientierung geben. Zu diesen großen Ressourcen gehört die Weisheitsliteratur Israels mit ihren Sprichwörtern, Lebensregeln, Ermahnungen und Ratschlägen, die in den Büchern der *Sprichwörter*, der *Weisheit* oder *Jesus Sirach* gesammelt sind. Diese Literatur ergibt sich aus der Unsystematik des Lebens und bringt doch Ordnung ins Leben mit sich, mit den anderen und mit Gott. Mehr philosophischer Art sind antike Klassiker, die bei jungen urbanen Eliten hoch im Kurs stehen. So zum Beispiel das *Handbüchlein der Moral* des stoischen Philosophen Epiktet, eines freigelassenen Sklaven, der um das Jahr 100 herum schrieb und dessen Werk auch Dorotheus kannte. Der stoischen Lebenskunst geht es um ein »gutes Leben« im Sinn des Strebens nach Tugend. Das Glück *(eudaimonía)* besteht in der Tugend und diese in der Sorge um sich selbst und der Herrschaft über die Triebe und die Leidenschaften. Das gehört zum Preis, »Gleichmut, Freiheit und innere Ruhe« zu gewinnen.⁹ Ein neuzeitlicher Klassiker der Lebenskunst (1653) stammt von dem spanischen Jesuiten Baltasar Gracián, der in seinem *Handorakel* 300 kurze Sentenzen versammelt, die zu denken geben. Er nennt drei Dinge, die glücklich machen und im Spanischen mit einem S anfangen: »santo, sano, sabio« (heilig, gesund, weise).¹⁰

Die Zeitgenossen greifen nicht nur zu solchen berühmten Anleitungen zur Lebenskunst, sondern stehen auch vor einer Vielzahl von praktischen Vorschlägen zur Lebenshilfe und von Entwürfen heutiger Lebenskunst, die philosophische, psychologische oder spirituelle Perspektiven ins Spiel bringen; manchmal fordern sie gleich neue Lebensstile und singen das Lob der Langsamkeit oder des Weniger, der Ökologie und der Solidarität. Nimmt man moderne Beschreibungen der Lebenskunst zur Hand, dann umspielen sie die traditionellen Themen wie Glück, Tugend, Askese, Selbstsorge; zugleich aber

---

⁹ Epiktet, *Handbüchlein der Moral,* übersetzt und herausgegeben von Kurt Steinmann, Stuttgart 1992 (Reclam-Universalbibliothek 8788), 43.
¹⁰ Baltasar Gracián, *Handorakel und Kunst der Weltklugheit,* mit einem Nachwort herausgegeben von Arthur Hübscher, Stuttgart 2009 (Reclam-Universalbibliothek 2771), 146.

scheint es, dass sie im Vergleich zur klassischen Tradition das Spektrum sowohl erweitern als auch verengen. Einen besonderen Platz nehmen die Themen ein, die mit dem »Selbst« zu tun haben – vom Selbstvertrauen und der Selbstverwirklichung über die Selbsterkenntnis und die Selbstbestimmung bis hin zur Selbstgestaltung und zur Selbstliebe. Weiteres Thema ist die Sorge um sich, freilich mehr bezogen auf die Sorge um den Körper, wie sie in Sport und Wellness zum Ausdruck kommt. Aber auch die Sorge *(epiméleia)* um die eigene Seele und ihre Bewegungen, die schon der weise Sokrates gefordert hatte, bringt breite Entfaltungen im Bereich der Beratungs- und Therapieformen mit sich, ob klienten- oder themenzentriert, ob psychoanalytisch, gestalttherapeutisch oder systemisch orientiert. Schließlich geht es der modernen Lebenskunst auch um die Pflege der Beziehungen zu Freunden und Feinden, zu Kindern und Alten, zu Kollegen und Fremden und zu den Dingen der Welt. Kaum ein Handlungsmodus, ob im beruflichen oder privaten Leben, im wirtschaftlichen und kulturellen Verhalten bleibt ausgeschlossen, kaum eine der Selbsttechniken und Übungen unerwähnt, auch nicht die zur Lebenskunst gehörende Kunst des Sterbens *(ars moriendi).*[11]

---

[11] Zum Thema der Lebenskunst vgl. exemplarisch Wilhelm

Allerdings fällt auf, dass im Bereich des Selbst ein Thema wie das der »Selbstanklage«, um die es in diesem Büchlein geht, entweder kaum anzutreffen ist oder als unzumutbare »Selbstverleugnung« (Mk 8,34) diskreditiert wird. Umso spannender wird die Frage, ob dem modernen Menschen eine solche kritische Selbstbeziehung zuzumuten ist. Ein weiteres Thema im Bereich der Beziehungen scheint in modernen Entwürfen der Lebenskunst unterbelichtet, auch wenn es nicht ganz fehlt. Dies ist die Gottesfrage, inwieweit die Beziehung zu Gott zur Lebenskunst gehört, wenn denn die ganze Bibel vom Anfang der Schöpfung bis zur ewigen Vollendung vom Leben des Menschen spricht. Auch der Glaube an den, der sich selbst »das Leben« nennt (Joh 11,25), gehört zur Lebenskunst. Gleichwohl kennen auch die säkularen Entwürfe zur Lebenskunst die spirituelle Dimension. Diese ist freilich im allgemeinen Sprachgebrauch nicht mehr innerkirchlich auf regulierte Ordensspiritualitäten beschränkt – wie die benediktinische, franziskanische oder ignatianische –, sondern hat angesichts der spirituellen Sehnsucht weit über kirchliches Gehege hinaus neue Ausdrucksgestalten gefunden. Rationalisierung und In-

---

Schmid, *Philosophie der Lebenskunst. Eine Grundlegung,* Frankfurt 1998.

dividualisierung führen anscheinend jenseits einer funktionalen Welt zur Frage nach dem Sinn des Ganzen und zur Wiederverzauberung der Welt nach ihrer gründlichen modernen »Entzauberung«, wie Max Weber den Prozess der Säkularisierung genannt hat. Die diffuse Sehnsucht führt zur Entgrenzung, die eine »populäre Spiritualität«[12] hervorbringt, die bestimmte Grundzüge kennt: Die Betonung des inneren Selbst und seine (mystische) Erfahrung, die zyklische, nicht linear gedachte Lebenszeit, das Eingehen in den Kreislauf der Natur, das immanente und das ganzheitliche Denken, die Kombination vieler spiritueller Praktiken aus verschiedenen religiösen Traditionen. In der zunehmenden Pluralisierung der religiösen Landschaft im (post)säkularen Zeitalter zeigt sich auf der einen Seite, welche Bedeutung der Religiosität für die Lebensführung zukommt, und auf der anderen Seite die Bedeutung der geistlichen Quellen, die bisweilen verschüttet waren, aber immer wieder neu entdeckt werden, um mystagogisch in eine spirituelle Lebenskunst aus dem Geist Gottes einzuweisen.

---

[12] Zum Überblick vgl. Hubert Knoblauch, *Populäre Religion. Auf dem Weg zu einer spirituellen Gesellschaft*, Frankfurt / New York 2009.

Spirituelle Lebenskunst

Der vorliegende Text über die Selbstanklage, die siebente Unterweisung des weisen Mönchs Dorotheus von Gaza, scheint aus der Zeit gefallen und kaum mit einer verstehenden, harmonischen und nachsichtigen Selbstzuwendung moderner Art kompatibel zu sein. Zu deutlich kratzt der Text am Selbstwertgefühl, das sich über alle Kritik von außen erhaben dünkt und Selbstkritik nicht zulassen mag. Wer wie der Narziss des Mythos in sein Spiegelbild im Wasser verliebt ist, will es in dieser Glätte bewahren, zumal schon ein auf die spiegelglatte Wasseroberfläche fallendes Blatt das Eigenbild verzerrt. Nicht umsonst ist die unstillbare Selbstliebe des schönen Narziss eine Strafe der Götter, und selbst die narzisstischen Tendenzen der Gesellschaft, um nicht von Persönlichkeitsstörungen zu reden, sind nicht gerade ein Himmelsgeschenk, genauso wenig wie der »theologische Narzissmus« (Kardinal Bergoglio). Doch gerade das Widerständige des Textes verlockt dazu, ihn als Wegweiser auf dem steinigen Weg der Selbsterkenntnis zu nehmen. Wie die Kirchenväter übernahm auch Dorotheus die Inschrift am delphischen Orakel »Erkenne dich selbst« *(gnothi seautón)* und damit pagane Weisheit (Dorotheus I, 93). Aber er meinte, dass es keinen anderen Weg dahin als die Selbstanklage gebe. Dass die widerständigen Texte aus der spirituellen Tradition der Kirche überraschend aktuelle Erkenntnisse bereithalten und das Zeug haben, Funken zu schlagen, zeigen die gelungenen Beispiele der aktuellen Lektüre großer geistlicher Schriftsteller.[13] Das gilt auch für die Erschließung der Wüstenväter für moderne Zeitgenossen.[14]

Im Zentrum der Unterweisung von Dorotheus von Gaza steht die »Selbstanklage«. Handelt es sich dabei um ein archaisches Ritual, um Schuldgefühle auszulösen oder masochistische Tendenzen auszuleben? Oder um ein normalerweise ausgeblendetes Element der Selbsterkenntnis, das gleichwohl für den eigenen psychologischen Haushalt und das Verhalten anderen gegenüber unabdingbar ist? Sowohl im Griechischen als auch im Spanischen und Deutschen ist »Selbstanklage« zwar ein vorhandenes, aber doch wenig gebräuchliches Wort. Dorotheus dagegen gebraucht es an prominenter Stelle und

---

[13] Einen hilfreichen Überblick gibt Michael Plattig, *Kanon der spirituellen Literatur,* Darmstadt 2010; ordensspezifisch Ursula Dirmeier, *Nicht Furcht, sondern Liebe. Geistliche Lebenskunst mit Mary Ward* (Ignatianische Impulse 40), Würzburg 2009.

[14] Hierzu: Anselm Grün, *Der Himmel beginnt in dir. Das Wissen der Wüstenväter für heute,* Freiburg i. Br. 2011; Hans Conrad Zander, *Als die Religion noch nicht langweilig war. Geschichte der Wüstenväter,* Gütersloh 2011.

zeigt damit seine Achtsamkeit für die Seele. Er baut auf der allgemeinen Erfahrung auf, dass wir gern über andere herziehen und eher bereit sind, andere anzuklagen als uns selbst. Das gilt im individuellen Bereich, aber auch im öffentlichen Raum, wo Anklagen anderer an der Tagesordnung sind. Nicht im rechtlichen, aber im moralischen Sinn findet, medial befeuert, eine Tribunalisierung statt, die den Spielvorteil mit sich bringt, dass die Ankläger zugleich die Richter sind, Pardon wird nicht gewährt.

Dass dieses Verschiebespiel seit Anfang der Menschheit gespielt wird, zeigt die Schöpfungsgeschichte, in der Adam die Schuld (am Essen der verbotenen Frucht) auf Eva schiebt und diese ihrerseits auf die Schlange (Gen 3,7–13). Demgegenüber besteht der Wüstenmönch mit seinem feinen Gespür für innere Bewegungen darauf, nicht zuerst andere verantwortlich zu machen, sondern sich selbst verantwortlich zu fühlen und sich selbst anzuklagen. Genau darin besteht der gerade Weg. »Wir gehen den gewundenen Weg und klagen den Nächsten an, und jeder von uns ist eifrig bemüht, in jeder Sache die Schuld auf seinen Bruder zu schieben und sie ihm zur Last zu legen« (Dorotheus II, 273). Dieser Mechanismus der Selbstrechtfertigung durch Verweigerung der Schuldannahme hat zur Folge, dass sich das verantwortliche Subjekt im »Unschuldswahn« selbst suspendiert und durch Schuldverschiebung auf andere einem »Verfeindungszwang« erliegt.[15] Schließlich führt die Schuldverschiebung zu einer radikalen Konsequenz, die selbst Gott involviert: »Wenn es der Mensch nicht fertigbringt, sich selbst anzuklagen, scheut er sich nicht, Gott die Schuld zu geben« (Dorotheus I, 137). Statt schlecht von den anderen oder gar Gott zu reden, geht es um den Mut zur Selbstanklage, um den Balken im eigenen Auge (vgl. Mt 7,3), um den Vorrang des anderen.

Unter »Anklage« ist hier natürlich keine juridische Anklage vor Gericht gemeint, sondern ein geistlich-moralisches Geschehen im inneren Forum des Gewissens. Der Selbstanklage geht eine Anklage des Gewissens und dessen Prüfung voraus. Auf das Gewissen legt Dorotheus größten Wert, denn es ist für ihn etwas Göttliches, allen gegeben und unverlierbar, auch wenn es verschüttet werden kann. Das Gewissen klagt an und überführt, es erinnert an die Pflichten der Gebote Gottes, aber auch an die Verantwortung für Menschen und Dinge, selbst bei den kleinsten Dingen. Das Gewissen, das »natürliche

---

[15] Johann Baptist Metz, *Glaube in Geschichte und Gesellschaft. Studien zu einer praktischen Fundamentaltheologie*, Mainz 1977, 112ff.

Gesetz«, ist Dorotheus so wichtig, dass er eine ganze Unterweisung darüber verfasst. Das Gewissen »ist wie ein Funke, die den Verstand erleuchtet und ihm zeigt, das Gute vom Bösen zu unterscheiden« (Dorotheus I, 185). Dieser Unterscheidung aber liegt die Unterscheidung der Bewegungen und Gedanken zugrunde, nach denen einer sich selbst oder die anderen anklagt. Wenn jemand sich selbst, sagt unser Mönch, »mit Gottesfurcht prüft und sein eigenes Gewissen akribisch untersucht, findet er bestimmt sich selbst als Grund« (Dorotheus II, 267). Selbstanklage erfolgt nur bei einem geschärften Gewissen, das der Anklage des Gewissens folgt, dem »Gewissensbiss«; dieses Bild hat der St. Galler Mönch Notker Labeo im Jahr 1000 für die deutsche Sprache erfunden und angewandt, aber da war das Wort »Gewissen« *(syneidesis, consciencia)* bei den Wüsten- und Kirchenvätern schon lange im Gebrauch, mit nachhaltigen Folgen für die Ethik und die Kultur.

Das hier vorliegende Buch dient der Gewissenserforschung, die Dorotheus von Gaza pflegte und lehrte. Daher war dieser Autor schon in der frühen Gesellschaft Jesu so beliebt, dass sie ihn in die Listen zu empfehlender geistlicher Bücher für Novizen aufnahm. Deshalb entwickelt sich ein Jahrtausend später ein deutlicher Einfluss des Dorotheus auf die Ausbildung der Jesuitennovizen, genauerhin auf die

Gewissensbildung.[16] Der Zusammenklang von spätantikem Wüstenvater und frühneuzeitlichem Orden rührt daher, dass die ignatianischen *Geistlichen Übungen* ebenfalls die Selbstprüfung des Gewissens für die Unterscheidung der Geister (*Geistliche Übungen* Nr. 32, 314f) betonen und die Satzungen des Ordens den Mitgliedern die tägliche Gewissenserforschung vorschreiben (*Konstitutionen* Nr. 261), das Gebet der liebenden Aufmerksamkeit.

Wenn Kardinal Bergoglio dieses zur Gewissensbildung für junge Ordensleute und für Mitglieder einer diözesanen Versammlung gedachte Buch veröffentlicht, dann weitet er dieses Thema über die kircheninterne Bedeutung hinaus zu einem allgemein bedeutsamen Thema. Die Verschiebung von der Fremdanklage zur Selbstanklage, die Dorotheus vorschlägt, wird nun verknüpft mit alltäglichen Verhaltensweisen wie Misstrauen und Verdacht oder ganz einfach mit dem Schlechtreden über andere. Diese Mechanismen greifen nicht nur im Privaten, wenn Misstrauen die eigene Seele zerfrisst und das böse Gerede andere in Mitleidenschaft zieht, sondern auch im kirchlichen Bereich, wo Verdacht und Misstrauen Gemeinschaften und Verwaltungen

---

[16] Zu den Listen vgl. Joseph de Guibert, *La spiritualité de la Compagnie de Jésus. Esquisse historique,* Roma 1953, 204f.

funktional und spirituell beeinträchtigen; sie greifen auch im Öffentlichen, wenn die Meister des Argwohns *(maîtres de soupçon)* walten und böses Gerede die öffentliche Meinung wie ein Pesthauch verschmutzt.

Gewiss handelt es sich bei Dorotheus von Gaza und Ignatius von Loyola um Übungen, die sich in vergleichbare Übungsprogramme athletischer, intellektueller und religiöser Art einfügen und einen übenden Menschen zeigen, der sich durch »Exerzitien« aller Art ausbildet. Eine solche anregende Einbettung der Askese hat der Philosoph Peter Sloterdijk vorgenommen,[17] dem indes Grund und Ziel der geistlichen und asketischen Übungen im christlichen Bereich entgangen zu sein scheinen. Diese bestehen nicht in autoplastischer Anthropotechnik zur Höherentwicklung der Spezies, sosehr das Christentum die geistige und ethische Entwicklung gefördert hat, sondern im responsorischen Nachvollzug der Erniedrigung Jesu am Kreuz, die sich mit der gewissenhaften Selbstanklage verbindet, um, wie es im Kommentar heißt, Platz für die Barmherzigkeit Gottes zu schaffen und sich dem anderen nicht zum Ankläger, sondern wie der bib-

---

[17] Peter Sloterdijk, *Du mußt dein Leben ändern. Über Anthropotechnik*, Frankfurt am Main 2009.

lische Samariter zum Nächsten zu machen. Dazu bedarf es freilich eines offenen Geistes und eines gläubigen Herzens.[18]

Prof. Dr. Michael Sievernich SJ
Universität Mainz / Hochschule Sankt Georgen, Frankfurt

---

[18] Jorge Mario Bergoglio / Papst Franziskus, *Offener Geist und gläubiges Herz. Biblische Betrachtungen eines Seelsorgers*, 2. Aufl., Freiburg im Breisgau 2013.

Jorge Mario Bergoglio / Papst Franziskus

ÜBER DIE SELBSTANKLAGE

Aus dem Spanischen von Gabriele Stein

Vorwort

Im Vorfeld der Diözesanversammlung habe ich an uns alle appelliert, dass wir uns um den Geist des Gebets bemühen: dass wir viel beten und dem Herrn in büßender Gesinnung etwas aufopfern – dass wir also während dieser Zeit des Gebets auf irgendetwas verzichten. Und ich habe vorgeschlagen, dass wir darauf verzichten könnten, schlecht voneinander zu sprechen. Mir ist bewusst, wie schwer uns das fällt, und deshalb denke ich, dass es ein geeignetes Opfer ist.

Böses Gerede schadet dem Geist der kirchlichen Einheit. Der heilige Augustinus hat dieses Phänomen folgendermaßen beschrieben: »Es gibt Menschen, die unbesonnen urteilen, kleinreden, flüstern, murren; sie wollen argwöhnen, was sie nicht sehen, und ausposaunen, was sie nicht einmal argwöhnen« (*Sermones*, 47). Das böse Gerede führt dazu, dass wir uns auf die Fehler und Mängel der anderen konzentrieren, weil wir glauben, dass wir uns dann besser fühlen. Das Gebet des Zöllners im Tempel veranschaulicht dieses Phänomen (Lk 18,11-12), und Jesus hat uns davor gewarnt, den Splitter im Auge des anderen zu sehen und darüber den Balken zu vergessen, den wir im eigenen Auge haben.

Schlecht vom anderen zu reden schadet der ganzen Kirche, weil es nicht beim bloßen Gerede bleibt, sondern sich dieses Gerede (zumindest im Herzen) in Aggression verwandelt. Augustinus nennt die, die schlecht über andere reden, »hoffnungslose Menschen«. »Hoffnungslose Menschen aber sind, je weniger sie auf die eigenen Sünden achten, desto neugieriger auf die der anderen. Sie suchen nämlich nicht, was sie korrigieren, sondern worüber sie sticheln können. Und da sie sich selbst nicht entschuldigen können, sind sie bereit, andere zu beschuldigen« (*Sermones*, 19). Diesen Menschen, so schreibt er, »bleibt nichts als allein die Krankheit der Angriffslust, die umso mehr eine Schwäche ist, desto größere Kräfte sie zu haben glaubt« (*Enarrationes in Psalmos*, 32,3,29). Dieser Unsitte (schlecht über andere zu reden) setzt die christliche Tradition schon seit den frühesten Wüstenvätern die Praxis der Selbstanklage entgegen.

Vor vielen Jahren habe ich einen Artikel über das Thema der Selbstanklage verfasst. Auch wenn er damals eigentlich an junge Ordensleute gerichtet war, denke ich doch, dass er uns allen nützen kann. Ich möchte damit einen Beitrag zur Diözesanversammlung leisten. Der Artikel war von einigen Schriften des Dorotheus von Gaza inspiriert, die im Anhang abgedruckt sind.

Gebe Gott, dass wir uns im Geist des Gebets auf die Diözesanversammlung vorbereiten und darauf verzichten, schlecht über unsere Mitmenschen zu reden.

Buenos Aires, am Fest Unserer Lieben Frau vom Berg Karmel (16. Juli 2005)
Jorge Mario Kardinal Bergoglio SJ

Die Selbstanklage[1]

1. Die Gedanken des Dorotheus von Gaza geben uns Gelegenheit, über das Thema der *Selbstanklage* und seine Auswirkungen auf das geistliche Leben zu sprechen, insbesondere über die Auswirkungen auf die Einheit der Herzen innerhalb einer Gemeinschaft.

Nicht selten trifft man – in den örtlichen Gemeinschaften ebenso wie auf Provinzebene – auf verschiedene Lager, die miteinander um die Deutungshoheit oder um Sympathien kämpfen. Dies geschieht in der Regel dann, wenn dieses oder jenes Gedankengut an die Stelle von Offenheit und Nächstenliebe tritt. Dann nämlich setzt man sich nicht mehr für die Familie als *Ganzes,* sondern nur für den *Teil* ein, der einen gerade angeht. Man bekennt sich nicht mehr zur *Einheit,* die den *Leib Christi* formt, sondern zum *Konflikt,* der trennt, zersplittert und schwächt. Und für die Ausbilder und Oberen ist es nicht immer einfach, in einer solchen Gemeinschaft so etwas wie Familiensinn zu schaffen – zu-

---

[1] Erstveröffentlichung: Centro de Espiritualidad Ignaciana de Argentina (CEIA, Buenos Aires), *Boletín de Espiritualidad* Nr. 87 (Mai/Juni 1984).

mal, wenn dieser sich in inneren Einstellungen konkretisieren soll, die für sich genommen zwar belanglos scheinen, auf der Ebene des institutionellen Gefüges jedoch umso wirkungsvoller sind.

Eine der grundlegenden Einstellungen, die in den Herzen der jungen Ordensleute herangebildet werden müssen, ist die *Selbstanklage,* denn wo sie fehlt, drohen Lagerbildung und Spaltung.

Im vorliegenden Beitrag haben wir verschiedene Texte des Dorotheus von Gaza zusammengestellt. Ihnen soll ein kurzer Kommentar darüber vorangehen, wie die besagte Haltung der *Selbstanklage* sich auswirkt.

2. Zuallererst müssen wir uns die – vielleicht unbewusste – Vorstellung aus dem Kopf schlagen, *Selbstanklage* habe etwas mit falscher Bescheidenheit zu tun und sei letztlich kindisch oder kleinmütig.

In Wirklichkeit setzt die Selbstanklage Mut voraus, und diesen Mut besitzen nur wenige. Es ist der Mut, Türen zu öffnen, meine unbekannten Seiten zutage treten und die anderen mehr sehen zu lassen als bloß mein äußeres Erscheinungsbild. Der Mut, die ungeschminkte Wahrheit offenzulegen.

Die Selbstanklage (die ein Mittel ist) wurzelt in der grundlegenden Entscheidung gegen den Individualismus und für den familiären und kirchlichen

Geist – eine Entscheidung, die uns dazu bringt, einander als gute Söhne und Brüder oder Töchter und Schwestern anzunehmen, damit wir später auch gute Väter und Mütter sein können. Die Selbstanklage setzt ein wesentlich gemeinschaftliches Selbstverständnis voraus.

3. Die Versuchung des Individualismus, die – wenn sie stärker wird – im Leben der Gemeinschaft zu Spaltungen führt, beruft sich immer auf eine Wahrheit (die tatsächlich oder zum Teil oder nur scheinbar wahr oder ganz und gar trügerisch sein kann).[2]

---

[2] Der Teufel versucht nicht immer mit einer Lüge. Eine Versuchung kann sich durchaus auch auf eine Wahrheit gründen, die jedoch aus einer falschen Gesinnung heraus *gelebt* wird. So lehrt es der selige Petrus Faber: »Ein anderes Verlangen verspürte ich bei der heiligen Messe, dass nämlich alles Gute, was ich je tun, denken, anordnen ... werde, vom guten Geist angeregt werde und nicht vom bösen. Von da aus kam ich zur Einsicht, dass Unser Herr es wohl nicht liebt, wenn diese oder jene Reform in der Kirche auf Begehren der Irrlehrer vorgenommen wird. Diese sagen zwar in vielem die Wahrheit (wie das auch die bösen Geister tun), aber sie sagen sie nicht im Geist der Wahrheit, der der Heilige Geist ist« (*Memoriale*, Nr. 51, Einsiedeln 1963, 71). Hierauf beruht zu einem großen Teil die Struktur der Ideologie. Scheinbar ist die Ideologie die Frucht einer Wahrheit, einer Meinung; doch tatsächlich ist sie die Frucht des Willens (des bösen Geistes, wie Petrus Faber sagen würde). Deshalb darf eine Ideologie nie an ihrem Inhalt,

In der Regel ist es ein *Argument,* das zugleich rechtfertigt und beruhigt. Und dieses Argument wurzelt im *Geist des Argwohns und des Misstrauens.*

Mutmaßungen sind wie *Spekulationen:* immer eine Versuchung. In ihnen ist Gott nicht gegenwärtig, denn Er ist der Herr der wirklichen Zeit, der feststellbaren Vergangenheit und der erkennbaren Gegenwart. Was die Zukunft betrifft, ist er der Herr der Verheißung, dem wir rückhaltlos vertrauen dürfen.

Im Grunde spiegelt mir der Geist des Argwohns und des Misstrauens eine Wahrheit vor, die mich gegen meinen Mitbruder oder meine Mitschwester einnimmt. Immer wird dies eine Wahrheit sein, die mich gegen die Gemeinschaft abschottet: die es rechtfertigt, dass ich mich nicht an der Gemeinschaft beteilige.

In der Lehre des Dorotheus von Gaza ist es der Teufel selbst, der den Argwohn ins Herz sät, um zu spalten. Die Phänomenologie ist der der Menschwerdung des Wortes genau entgegengesetzt: Der Teufel will (mittels des Argwohns) *trennen,* um dann zu *vermischen;* der Herr dagegen – Gott und Mensch – kann immer *indivise et inconfuse,* »ungetrennt und unvermischt« erkannt werden.

---

sondern muss an dem *Geist* gemessen werden, der sie trägt – und der eben nicht der Geist der Wahrheit ist.

Wenn der Teufel Argwohn sät, flüstert er uns Täuschungen (vgl. *Geistliche Übungen,* 315, 332 usw.) oder Halbwahrheiten ein, damit unser Herz sich in egoistische Überzeugungen verrennt und aller Objektivität gegenüber unzugänglich wird (vgl. Regel 13 der ersten Woche zur Unterscheidung der Geister, *Geistliche Übungen,* 326).

4. Der vom Teufel gesäte Argwohn setzt im Herzen einen *krummen Maßstab,* der die ganze Wirklichkeit verzerrt *(verkrümmt).* Es ist nicht einfach, ein Ordensmitglied, das durch einen solchen krummen Maßstab versucht wird, wieder auf den rechten Weg *zurückzuführen.* Denn es handelt sich nicht bloß um einzelne Ideen, sondern um eine ganze Hermeneutik: Wer einen *krummen Maßstab* anlegt, muss alles, was geschieht, verzerrt interpretieren.

Ich habe damals im *Boletín de Espiritualidad* einige Male auf das *hiciéronme sin razón* (»Sie haben mir Unrecht getan!«) jener eigensinnigen Nonnen hingewiesen, das der heiligen Teresa zufolge der Ursprung vieler Übel im Ordensleben ist (vgl. *Weg der Vollkommenheit,* Kap. 13).

Ein Ordensmitglied, das dieser Versuchung ausgesetzt ist, wird nach und nach zu einem *Sammler der Ungerechtigkeiten:* Es bringt seine Zeit nur noch damit zu, die Ungerechtigkeiten zu zählen, die ihm die anderen antun, fühlt sich schließlich als *Opfer eines Komplotts* und entwickelt daraus nicht selten so etwas wie eine eigene Spiritualität.

In der Soziologie ist die Komplott- oder Verschwörungstheorie aus hermeneutischer Sicht die Strategie der Schwächsten. Sie lässt sich nur mit einem gewissen Argumentationsaufwand vertreten und hält ernsthafter Kritik nicht stand. Sie ist eine ganz elementare Versuchung und befällt vorzugsweise jene Art von Seelen, die die Welt am liebsten wie die Manichäer in Gut und Böse aufteilen (und sich dabei zu den Guten rechnen) würden. Aus Mangel an Realitätssinn verschanzen die Verschwörungstheoretiker sich hinter einer Art defensiver Ideologie. Die Ideologie ersetzt ihnen die Lehre, und statt geduldig als Kinder Gottes durch diese Welt zu pilgern, lamentieren sie über das Komplott, das »die anderen« (die Bösen, die Mächtigen, die Oberen, die Mitglieder der Gemeinschaft) gegen sie anzetteln. Und schließlich verkaufen sie sich an die *Worte,* werden zu Sklaven der Worte – gemäß dem Ausspruch, dass die Worte des Verstandes Mauern, die Worte des Herzens hingegen Brücken bauen (Tomáš Kardinal Špidlík).

Wir können sagen, dass solche Menschen eine kranke Intelligenz haben. Wenn wir die Intelligenz mit dem intellektuellen Vermögen verwechseln, vergessen wir, dass sie von der Erbsünde befallen ist. Wie viele Menschen vergessen – wie Jean Daniélou schreibt – über dem Stolz auf ihr intellektuelles Vermögen, dass ihre Intelligenz zutiefst verwundet, krank und zerstörerisch ist (denn eine verfälschte Intelligenz verfälscht auch die Intelligenz derer, die sie umgeben)! Vergessen wir nicht, dass eine Intelligenz krank ist und diese Krankheit behält infolge einer Leidenschaft, die »die Wahrheit niederhält« (vgl. Röm 1,18ff).

5. Mit dieser Haltung geht eine wachsende *Besorgnis* einher, die ebenfalls einer falschen Gesinnung entspringt.

Wer es gewohnt ist, allem und jedem mit Argwohn zu begegnen, der verliert nach und nach den Frieden des Gottvertrauens. Er ist davon überzeugt, dass Konflikte nur dann richtig gelöst werden können, wenn er diesen Prozess unablässig kontrolliert. Ständig treibt ihn Sorge um, die eine Frucht des Zorns und gleichzeitig der Trägheit ist.

Solche Menschen sind Nachfolger des *erschrockenen* Herodes (vgl. Mt 2,3), Nachfolger der Hohepriester und der Pharisäer, die ängstlich versuchen, die Kraft Gottes in ein versiegeltes Grab zu sperren (vgl. Mt 27,62–66). Sie begegnen ihrer Angst mit dem allmächtigen Trugbild ihrer eigenen Kontrolle und wissen nichts von der Sanftmut des Herrn, der die Macht seiner Feinde relativiert und sie in rauchende Scheite verwandelt: »Da bebte sein Herz und das Herz seines Volkes, wie die Bäume des Waldes vor dem Sturm beben. Da sprach der Herr [...] zu ihm: Hüte dich, bewahre die Ruhe und sei ohne Furcht! Dein Herz verzage nicht wegen dieser beiden rauchenden Brandstummel« (Jes 7,2–4).

6. Hinter dem Mechanismus des Argwohns verbirgt sich – in der Maske der Wahrheitsliebe – eine raffiniert kaschierte Gefallsucht. Hinter den Ideen steht ein Wille, und dieser Wille soll durchgesetzt werden. Solche Ordensleute sind in der Regel *nimis probantes:* allzu sehr darauf aus, etwas zu beweisen – und sie beweisen doch in Wirklichkeit nur, dass sie einem heimlichen Vergnügen frönen.

Die Argwöhnischen und Misstrauischen sind von einer strukturellen Gier befallen. Diese Gier, die von ihrem Manichäismus inspiriert ist, *pendelt* zwischen dem Streben nach imaginären Freuden und der Abwehr imaginärer Ängste hin und her. Unfähig zur Großzügigkeit der Objektivität des Lebens und zur Noblesse der Verteidigung gegen echte Angriffe, glauben sie selbst fest an diese imaginären Freuden und Ängste, die ihre Seele erfüllen.

7. Argwohn und Misstrauen wecken im Menschen die typische Bitterkeit derer, die Gott anklagen. Dorotheus von Gaza macht dies am Fall von Adam und Eva deutlich. Und so entfernen sich solche Ordensleute nach und nach von der Wahrheit und verkaufen sich an die Lüge. Diese Selbstversklavung basiert auch auf einer Schwächung der Urteilskraft. Ihr Urteil verliert an Treffsicherheit. Sie verwechseln die Schlacht mit einem Schaukampf. Sie haben nicht, wie der heilige Ignatius es in den drei Zwiegesprächen der dritten Übung der ersten Woche lehrt, um die Gnade gebeten, *zu erkennen, um zu verabscheuen* (*Geistliche Übungen*, 62–63). Seltsamerweise sind sie meist *Moralisten,* die einerseits Schuld auf sich laden, indem sie allem und jedem misstrauen, und die andererseits in gezierter Heuchelei so tun, als ob sie nichts und niemanden verurteilten. Weil ihnen der Sinn für das Objektive fehlt, *verurteilt* ihre Phantasie auf ein vermeintliches Verdachtsmoment hin *a priori* jeden Schritt, mit dem sich andere ihrem Leben nähern.

8. Die geistliche Lehre von der *Selbstanklage* oder *Selbstverachtung,* die Dorotheus von Gaza entwickelt, geht gegen alle diese Versuchungen vor und zielt – in Weiterführung der patristischen Tradition – darauf ab, das Religiöse in einer Dimension der Ob-

jektivität gegenüber Gott und den Menschen zu verorten. Die beständig geübte Selbstanklage zerstreut den Argwohn und gibt dem Wirken Gottes Raum – denn nur er kann letztlich die Einheit der Herzen herbeiführen.

Durch die *Selbstanklage erniedrigt* sich das Herz des Ordensmitglieds, und genau diese innere Erniedrigung ist es, die allen übrigen natürlichen und technischen Mitteln des gegenseitigen Einvernehmens Wirkung verleiht.

Diese Haltung der Erniedrigung stützt sich auf das theologische Fundament des *Herabsteigens* des Wortes (der *Synkatábasis*), die den Zugang zu Gott ermöglicht (vgl. die Theologie des Hebräerbriefs 2,17; 3,7ff; 4,14–16; 9). Mithin wird der Zugang zum anderen – ausgehend von unserer Erniedrigung – durch Christus selbst herbeigeführt.

Ebendies ist der für den Christen charakteristische *gute Zugang*. Ein solcher *guter Zugang* hat eine ganz eigene Qualität, die jede (kindliche, geschwisterliche, mütterliche oder väterliche) Nähe innerhalb des Ordens zu einer eschatologischen Nähe macht und somit *ein für allemal* verwirklicht.

Andererseits ist es der Herr selbst, der uns in unserer *Erniedrigung* rechtfertigt. Die Pharisäer rechtfertigten sich selbst (»die ihr Ehre voneinander annehmt«, Joh 5,44). Der Gerechte hingegen sucht nur die Rechtfertigung Gottes, und deshalb *erniedrigt* er sich und klagt sich an. Und so, wie uns die Rechtfertigung allumfassend und unwiederholbar durch das Kreuz Christi gegeben worden ist, so setzt unser Wandel in der Nachfolge des Herrn analog auch diese *Erniedrigung* des Kreuzes voraus. Sich selbst anklagen heißt, die Rolle des Angeklagten anzunehmen, wie sie der Herr angenommen hat, als er die Last unserer Sünden trug. Der Mensch fühlt sich verdientermaßen als Angeklagter. Deshalb rät der heilige Ignatius mit Bedacht jedem, der sich »im Trost befindet«, »sich zu demütigen und sich zu erniedrigen« (elfte Regel zur Unterscheidung der Geister, *Geistliche Übungen,* 324), damit die Freude an der Tröstung ihn nicht dazu verleitet, sich eines Verdienstes zu rühmen, das nicht das seine ist.

9. Die Selbstanklage ist immer ein Akt der Demütigung, der zur Demut führt. Wer sich für den Weg der Demütigung entscheidet, entscheidet sich zwangsläufig für den Kampf und den Triumph.

Maximus Confessor deutet die *Synkatábasis* des Wortes als einen Köder für den Teufel, der ihn schluckt und daran stirbt: »Auf diese Weise bietet er der unersättlichen Gefräßigkeit des höllischen Drachen den Köder seines Fleisches dar und erregt dessen Gier; einen Köder, der, wenn er hineinbeißt, durch die darin verborgene Kraft der Gottheit für ihn zu einem tödlichen Gift und zur Ursache seines völligen Untergangs werden musste; diese selbe Kraft sollte im Gegenzug als Heilmittel für die menschliche Natur dienen und diese in ihrer ursprünglichen Würde wiederherstellen« (*Centuria*, I,12). Sich zu demütigen bedeutet gewissermaßen, die Aufmerksamkeit des Teufels auf sich zu lenken, zu kämpfen, sich der Versuchung auszusetzen – und letztlich zu triumphieren.

Diese Haltung bringt – anders als der Argwohn, der Ängstlichkeit erzeugt – Sanftmut und Geduld hervor. Die Regeln der Bescheidenheit, die der heilige Ignatius niedergeschrieben hat, fußen auf einem Abschnitt aus den Satzungen, der diesen Zustand der Sanftmut beschreibt: »Alle sollen besondere Sorge dafür tragen, mit großer Sorgfalt die Tore ihrer Sinne – insbesondere die Augen und Ohren und die Zunge – vor jeder Unordnung zu bewahren und sich in dem Frieden und der wahren Demut ihrer Seele zu erhalten und dies zu zeigen durch das Stillschweigen, wann es zu halten angebracht ist, und wann zu sprechen ist, durch die Überlegtheit und Erbauung ihrer Worte, und durch ihren bescheidenen Gesichtsausdruck und ihre Reife, im Gehen und allen ihren Bewegungen ohne ein *Anzeichen von Ungeduld oder Hochmut*. Sie sollen sich in allem darum bemühen und danach verlangen, den anderen den Vorrang zu geben, *indem sie in ihrer Seele alle schätzen, als stünden sie über ihnen,* und ihnen im Äußeren in religiöser Einfachheit und Schlichtheit die Ehrfurcht und Ehrerbietung erweisen, die der Stand eines jeden zulässt, so dass sie, indem sie einander ansehen, in der Andacht wachsen und Gott unseren Herrn lobpreisen, den jeder im anderen als in seinem Bild wiederzuerkennen sich bemühen muss« (Nr. 250).[3]

Dieser Text erinnert an das zwölfte Kapitel des Römerbriefs und die vielen anderen Paulusstellen, in denen von den »Früchten des Geistes« die Rede ist. Und auf ebendiesem Weg der Selbstanklage gelangt man zu jener anderen Überzeugung, die der heilige Ignatius von sich selber hatte: »ganz Hemmnis« zu sein.

Ebendarauf baut die christliche Sanftmut auf; sie wächst über den Bereich der Regeln und Umgangsformen hinaus und findet – in der Sanftmut des Lammes – ihre tiefste Wurzel und ihr vollendetes Vorbild.

Wer sich selbst anklagt, gibt der Barmherzigkeit Gottes Raum; er ist wie der Zöllner, der nicht aufzusehen wagt (vgl. Lk 18,13). Wer es versteht, sich

---

[3] Zitiert nach: Ignatius von Loyola, *Gründungstexte der Gesellschaft Jesu* Band II, Würzburg: Echter 1998.

selbst anzuklagen, ist ein Mensch, der sich – wie der barmherzige Samariter – den anderen immer *auf gute Weise nähert,* und in dieser Annäherung wird es Christus selber sein, der den Zugang zum anderen – dem Bruder oder der Schwester – herbeiführt.

Um all dies zu begreifen, kann es hilfreich sein, mit viel Muße das zweite und das dritte Kapitel im zweiten Buch der *Nachfolge Christi* von der demütigen Unterordnung und vom gütigen, friedensbereiten Menschen zu lesen.

Dorotheus von Gaza

Quellentexte

Aus dem Griechischen von Judith Pauli OSB[1]

---

[1] Deutsche Übersetzung aus: Dorotheus von Gaza, *Doctrinae diversae / Die geistliche Lehre, Griechisch – Deutsch*, zwei Bände, Fontes Christiani 37, übersetzt und eingeleitet von Judith Pauli OSB, Freiburg i. Br. 2000. Für diese Ausgabe wurde auf den wissenschaftlichen Apparat der Übersetzung weitgehend verzichtet. Die Nummern der Abschnitte entsprechen denen in den *Sources chrétiennes*, Paris 1963. Die Hervorhebungen im Text stammen von Jorge Mario Bergoglio. Die Reihenfolge der Abschnitte entspricht jener in der argentinischen Ausgabe.

Über die Selbstanklage

79. Fragen wir, Brüder, woher dies kommt: Einmal hört jemand ein bedrückendes Wort und lässt es, ohne sich aufzuregen, an sich vorübergehen, als wenn er gar nichts gehört hätte, ein anderes Mal aber hört er es und ist aus der Fassung. Was ist der Grund für diesen Unterschied? Hat dieser Sachverhalt wohl einen Grund oder viele? Ich meine, dass er viele Gründe hat, aber einer ist, wie man sagen könnte, die Ursache für alle übrigen Gründe. Ich will es erklären. Zuerst trifft es sich, dass jemand vom Gebet kommt oder von einer guten Meditation.[2] Er befindet sich, so könnte man sagen, in einer guten Verfassung und erträgt seinen Bruder und geht, ohne sich aufzuregen, vorüber. Bei einem anderen ist es so, dass er eine Neigung zu jemandem hat und deswegen ruhig erträgt, was ihm vom anderen zugefügt wird. Des Weiteren kommt es vor, dass jemand den verachtet, der ihn verletzen will. So achtet er gering, was von ihm kommt, und betrachtet ihn weder wie einen Menschen noch kümmert er sich um das, was er sagt oder tut.

---

[2] Wörtlich: »von einer guten Sitzung«.

80. Dazu erzähle ich euch Folgendes, sodass ihr euch wundern werdet: Es gab einen Bruder im Kloster, bevor ich von dort wegging, den ich niemals aufgeregt oder verletzend gegenüber jemandem sah; dagegen sah ich verschiedentlich viele von den Brüdern ihn verhöhnen und beschimpfen. Jener junge Mann aber ertrug alles, was von den Einzelnen kam, als wenn ihn überhaupt niemand belästigte. Ich wunderte mich nun ständig über das Übermaß seines Ertragens der Bosheit und wollte wissen, wie er diese Tugend erworben hatte. So nahm ich ihn einmal beiseite, warf mich vor ihm nieder und bat ihn, mir zu sagen, welchen Gedanken er immer in seinem Herzen habe, wenn er verhöhnt werde oder alle möglichen Gehässigkeiten von jemandem zu ertragen habe, dass er eine solche Geduld zeige. Er aber antwortet spontan und ohne Umschweife und sagt zu mir: »Ich habe die Gewohnheit, diese Nichtsnutze zu beachten und was von ihnen kommt, hinzunehmen, wie junge Hunde es mit dem tun, was von Menschen kommt.« Als ich das hörte, ließ ich die Ohren hängen und sagte zu mir: »Dieser Bruder hat den Weg gefunden!« Und indem ich mich bekreuzigte, ging ich weg, betend, dass Gott mich und ihn behüten möge.

81. So geschieht es also, wie gesagt, dass sich jemand auch aus Verachtung nicht aus der Fassung bringen lässt. Dies ist offensichtliches Verderben. Aufgebracht zu sein gegen den Bruder, der uns verletzt, geschieht dagegen deshalb, weil man zu jener Stunde in keiner guten Verfassung war oder weil man gegen ihn irgendeine Abneigung hat. Es gibt aber auch noch viele andere Gründe dafür, die man verschiedentlich anführt. Die Ursache aller Aufregung aber ist, wenn wir es ganz genau prüfen wollen, dass man sich selbst nicht anklagt.[3] Von daher kommt uns diese ganze Niedergeschlagenheit, deswegen finden wir niemals Ruhe. Denn es ist gar nicht verwunderlich, dass wir von allen Heiligen hören, es gebe keinen anderen Weg als diesen, und wir sehen, dass niemand einen anderen Weg geht und Ruhe findet. Und wir, wir meinen, Ruhe zu finden und durchaus einen geraden Weg zu wählen, wenn wir es niemals zulassen, dass wir uns selbst anklagen? Ein Mensch könnte wirklich tausend asketische Übungen vollbringen, aber wenn er sich diesen Weg nicht zu eigen macht, wird er nicht aufhören, zu betrüben und betrübt zu werden und seine Mühen preiszugeben. Welche Freude, welche Ruhe aber hat nicht der-

---

[3] Vgl. Marc Aurel, *Ad se ipsum libri* 9,42: Man muss sich selbst anklagen statt die anderen.

jenige, der sich, wohin er auch geht, selbst anklagt, wie auch Abbas Poimen sagt! Denn wenn ihm etwas widerfährt, sei es Verlust oder Schande oder irgendeine Bedrängnis, so nimmt er *von vornherein* an, dass er es verdient hat, und ist niemals erregt. Gibt es etwas Sorgloseres als dies?

82. Aber nun sagt jemand: »Und wenn mich mein Bruder verletzt und ich mich prüfe und finde, dass ich ihm in keiner Weise einen Anlass gegeben habe, wie kann ich mich dann selbst anklagen?« Wenn sich jemand wirklich mit Gottesfurcht prüft, findet er, dass er bestimmt irgendeinen Grund gegeben hat, sei es durch eine Tat, ein Wort oder ein Verhalten. Wenn er aber sieht, dass er vermeintlich in keinem dieser drei irgendeinen Grund für die gegenwärtige Situation gegeben hat, hat er wahrscheinlich den Bruder zu anderer Zeit verletzt, in derselben Sache oder in einer anderen, oder verletzte einen anderen Bruder und musste deswegen leiden, oder vielfach auch wegen einer anderen Sünde. Wenn also jemand sich selbst, wie gesagt, mit Gottesfurcht prüft und sein Gewissen genau untersucht, findet er bestimmt sich selbst als Grund.

Auch kommt es vor, dass jemand meint, er selbst meditiere in Frieden und Ruhe, und wenn ein Bruder ein Wort zu ihm sagt, das ihn erregt, wird er verletzt und glaubt deshalb, es sei zu Recht, sich aufzuregen, und sagt zu sich selbst: »Wäre er nicht gekommen und hätte mit mir gesprochen und mich verletzt, hätte ich nicht gesündigt!« Dies ist ein Witz, dies ist ein Trugschluss! Denn hat der Bruder etwa, indem er zu ihm das Wort sagte, die Leidenschaft in ihn hineingelegt? <u>Er hat ihm die Leidenschaft, die in ihm war, gezeigt,</u> damit er, wenn er will, ihretwegen Buße tue. Denn dieser gleicht einem reinen Weizenbrot, das von außen zwar schön ist; wenn man es aber bricht, dann zeigt sich sein Schmutz. So saß auch er im Frieden, wie er glaubte, hatte aber in seinem Innern die Leidenschaft und wusste es nicht. Ein Wort sagte sein Bruder zu ihm und brachte den Schmutz zum Vorschein, der in seinem Innern verborgen war. Wenn er nun Erbarmen finden, Buße tun, sich reinigen, fortschreiten will, sieht er auch, dass er vielmehr dem Bruder danken muss,[4] weil er ihm zu solchem Nutzen Ursache geworden ist.

83. Denn die Versuchungen beschweren ihn nicht mehr in der gleichen Weise wie zuvor, sondern je weiter er voranschreitet, desto leichter werden sie von ihm empfunden. Denn je weiter die Seele voran-

---

[4] Das heißt: anstatt sich über ihn aufzuregen.

schreitet, umso stärker wird ihre Kraft, das, was ihr widerfährt, zu ertragen. Ebenso ist es bei einem starken Tier: Selbst wenn man ihm eine große Last auflädt, trägt es sie mit Ruhe. Wenn es auch stolpern sollte, steht es sofort wieder auf und hat fast nicht gemerkt, dass es gestolpert ist. Wenn es aber ein schwaches Tier ist, braucht es, was immer es auch trägt, viel Hilfe, um wieder aufzustehen, wenn es fällt. So ist es auch mit der Seele: Je mehr sie sündigt, desto mehr wird sie geschwächt. Denn die Sünde bewirkt Schwäche und macht den, der sie begeht, krank: Schließlich beschwert ihn, was immer ihm widerfährt. Wenn aber ein Mensch voranschreitet, werden ihm zugleich mit seinem Fortschritt jene Dinge leichter, die ihn einst beschwerten. So tut es auch uns sehr gut und bringt uns große Ruhe und Fortschritt, dass wir uns selbst und niemanden anders für das verantwortlich machen, was uns widerfährt, vor allem, weil es nicht möglich ist, dass uns etwas ohne die Vorsehung Gottes geschieht.

84. Aber, so sagt nun jemand: »Wie kann ich nicht betrübt werden, wenn ich eine Sache brauche und sie nicht bekomme? Denn sieh, ich habe sie wirklich nötig.« Auch so hat er keinen Grund, einen anderen anzuklagen oder sich über ihn zu ärgern, sondern wenn er die Sache wirklich braucht, wie er sagt,

und sie nicht bekommt, soll er sagen: »Christus weiß besser als ich, ob ich zufriedengestellt werden soll, und er selbst wird mir zuteil anstelle dieser Sache oder dieser Speise.«

Die Söhne Israels aßen das Manna in der Wüste vierzig Jahre, und das Manna hatte zwar nur ein Aussehen, wurde aber für jeden, wie er es brauchte: Dem, der Salziges brauchte, wurde es salzig, dem, der Süßes brauchte, wurde es süß, mit einem Wort: Es passte sich jedem an nach seiner Verfassung (vgl. Weish 16,21). Wenn nun jemand ein Ei braucht und nur Gemüse erhält, dann soll er zu seinem Gedanken sagen: »Wenn es mir gut getan hätte, hätte Gott mir bestimmt ein Ei geschickt. Aber er kann auch machen, dass dieses Gemüse für mich wie ein Ei ist.« Und ich vertraue Gott, dass es für ihn als Martyrium gilt. Denn wenn es jemand in Wahrheit wert ist, befriedigt zu werden, kann Gott selbst ein Sarazenenherz[5] überzeugen, mit ihm Erbarmen zu haben, so wie er es braucht. Wenn er es aber nicht wert ist oder es ihm nicht gut tut, könnte er einen neuen Himmel und eine neue Erde schaffen und würde keine Ruhe finden. Sicher, manchmal erhält

---

[5] Die Sarazenenstämme jenseits der Ostgrenzen des byzantinischen Reiches galten als der Inbegriff der Grausamkeit und des Blutvergießens.

man mehr, als man braucht, manchmal nicht einmal das, was man braucht. Weil Gott nach seinem Erbarmen jedem das Notwendige gewährt, so bedeutet es, wenn er jemandem über das Notwendige hinaus zuteilt, dass er ihm das Übermaß seiner Menschenliebe zeigt und ihn das Danksagen lehrt. Wenn er ihm aber nicht gewährt, was er braucht, so ersetzt er durch sein Wort die Wirkung der Sache, die der Mensch braucht, und lehrt ihn die Geduld. So müssen wir in allem den Blick nach oben richten, ob uns von jemandem etwas Gutes oder etwas Böses widerfährt. Wir müssen den Blick nach oben richten und Dank sagen für das, was uns geschieht, indem wir es auf uns nehmen, uns selbst anzuklagen, und mit den Vätern sagen: »Wenn uns etwas Gutes geschieht, ist es Heilsratschluss Gottes, wenn aber etwas Böses, geschieht es wegen unserer Sünden.«

Denn wirklich: Alles, was wir erleiden, erleiden wir wegen unserer Sünden. Wenn nämlich die Heiligen etwas erleiden, leiden sie für den Namen Gottes oder zur Offenbarung ihrer Tugend zum Nutzen für viele oder damit sich bei Gott ihr Lohn vergrößere. Aber wie können wir dies von uns Armseligen sagen? So wie wir täglich sündigen und unseren Leidenschaften folgen, verlassen wir den »geraden Weg«, den uns die Väter gelehrt haben und der in der Selbstanklage besteht. Wir gehen den gewundenen Weg und klagen den Nächsten an, und jeder von uns ist eifrig bemüht, in jeder Sache die Schuld auf seinen Bruder zu schieben und sie ihm zur Last zu legen. Jeder lebt unbesorgt und hält sich an nichts, und vom Nächsten fordern wir das Halten der Gebote ein.

85. Es kamen einmal zwei Brüder zu mir, die über einander betrübt waren. Der Ältere sagte über den Jüngeren: »Ich trage ihm eine Sache auf, und er ist verärgert, und ich bin auch verärgert, weil ich meine, wenn er Vertrauen und Liebe zu mir hätte, hätte er das, was ich ihm sage, voll Zuversicht angenommen.« Der Jüngere aber sagte: »Verzeih, Herr, vielleicht sagt er es mir nicht mit Gottesfurcht, sondern als ob er mir befehlen will, und ich glaube, dass deshalb ›mein Herz nicht voll Zuversicht ist‹, wie die Väter sagen.« Achtet darauf, wie die zwei einander angeklagt haben: Keiner von beiden hat sich selbst angeklagt.

Zwei andere wiederum ärgern sich über einander, bitten einander um Verzeihung, bleiben aber in Misstrauen. Der eine sagte: »Er hat mich nicht von Herzen um Verzeihung gebeten, und deswegen bin ich nicht überzeugt, denn so sagen es die Väter.« Der andere aber sagte: »Weil er nicht bereit war, mir Liebe entgegenzubringen, bevor ich vor ihm bereut habe, deshalb bin auch ich nicht überzeugt.«

Siehst du den Spott, Herr? Siehst du die Verdrehung des Gemeinten? Gott weiß es: Ich bin entsetzt, dass wir auch noch die Aussprüche der Väter nehmen für unsere üblen Absichten und die Verdorbenheit unserer Seelen. Jeder von ihnen hätte die Anklage gegen sich selbst richten müssen! Der eine hätte sagen müssen: »Ich habe meinen Bruder nicht von Herzen um Verzeihung gebeten, und deshalb hat Gott ihn nicht mit Vertrauen erfüllt.« Der andere aber: »Ich war nicht in Liebe auf meinen Bruder eingestimmt, bevor er mich um Verzeihung gebeten hat, und deshalb hat Gott ihn nicht mit Vertrauen erfüllt.« So hätten es auch die beiden anderen, die ersten beiden tun müssen. Der erste hätte sagen müssen: »Ich spreche mit Selbstgefälligkeit, und deshalb erfüllt Gott meinen Bruder nicht mit Vertrauen.« Und der andere hätte zugeben müssen: »Mein Bruder befiehlt mir in Demut und Liebe, aber ich bin widerspenstig und habe keine Gottesfurcht.« Aber keiner von ihnen fand den Weg und klagte sich selbst an, sondern jeder schob die Schuld auf seinen Bruder.

86. Sieh, deshalb erreichen wir keinen Fortschritt, deshalb erreichen wir nicht, dass uns etwas Nutzen bringt! Vielmehr verbringen wir unsere ganze Zeit, indem wir uns zersetzen lassen durch unsere Gedanken gegeneinander und uns selbst aufreiben. Denn

jeder rechtfertigt sich selbst, jeder lässt sich selbst gehen, wie schon gesagt, ohne irgendetwas zu beachten, und vom Nächsten fordern wir die Beobachtung der Gebote. Deshalb werden wir auch nicht weise im Guten, weil wir, wenn wir nur ein klein wenig erleuchtet werden, dies sofort vom Nächsten verlangen, indem wir ihn tadeln und sagen: »Das muss er tun!« und: »Warum hat er jenes nicht getan?« Warum fordern wir nicht vielmehr von uns selbst die Beobachtung der Gebote und klagen uns selbst an, weil wir sie nicht beobachten?

Wo ist jener Altvater, der gefragt wurde: »Welchen Gewinn fandest du auf diesem Weg, Vater?« Und als er antwortete: »Das Sich-selbst-Anklagen«, lobte der Fragende dies. Und der Altvater fügte hinzu: »Einen anderen Weg als diesen gibt es nicht.« Ebenso sagte auch Abbas Poimen unter Seufzen: »Alle Tugenden sind in dieses Haus hineingekommen außer einer Tugend, und ohne diese kann der Mensch nur mit Mühe bestehen.« Und als sie ihn fragten, welche es sei, antwortete er: »Dass der Mensch sich selbst anklagt.«

Auch der heilige Antonius hat gesagt: »Dies ist das große Werk des Menschen, dass er seine Sünde vor dem Angesicht Gottes auf sich nehme und mit Versuchung rechne bis zum letzten Atemzug.« Und überall finden wir, dass die Väter dies befolgen und alles empor zu Gott bringen bis hin zu den kleinen Dingen und so Ruhe gefunden haben.

87. Ein solcher war jener heilige Altvater: Als er krank war, gab der Bruder in sein Essen anstelle von Honig Leinöl, was überaus schädlich ist. Der Altvater sagte aber nichts, sondern aß schweigend die erste und die zweite Portion, um seinen Hunger zu stillen, ohne den Bruder bei sich selbst zu tadeln, indem er etwa sagte, er sei nachlässig gewesen. Und nicht nur dies sagte er nicht, sondern er betrübte ihn mit keinem Wort. Als aber der Bruder merkte, was er getan hatte, begann er sich zu ängstigen und sagte: »Ich habe dich getötet, Vater, und du hast die Sünde auf mich geladen, weil du geschwiegen hast!« Er aber antwortete ihm ganz sanft: »Hab keine Angst, Kind! Wenn Gott gewollt hätte, dass ich Honig esse, hättest du Honig hineingetan.« Und sofort brachte er die Sache mit Gott in Verbindung.

Was aber hat Gott mit der Sache zu tun, guter Altvater? Der Bruder hat sich geirrt, und du sagst: »wenn Gott gewollt hätte«? Was hat das damit zu tun? Und der Altvater sagt: »Ja, wenn Gott gewollt hätte, dass ich Honig esse, hätte der Bruder Honig hineingetan.« Und dies, obwohl er so krank war, dass er so viele Tage keine Nahrung zu sich nehmen konnte! Trotzdem ärgerte er sich nicht über den

Bruder, sondern führte die Sache auf Gott zurück und blieb in Ruhe. Und der Altvater sprach richtig, denn er wusste: Wenn Gott gewollt hätte, dass er Honig äße, hätte er auch das stinkende Öl in Honig verwandeln können.

88. <u>Wir dagegen kommen bei jeder Gelegenheit, den Nächsten zu beschuldigen, indem wir ihn anklagen, dass er ein Verächter sei und gegen sein Gewissen handele.</u> Und wenn wir ein Wort hören, verdrehen wir es sofort und sagen: »Wenn er mich nicht hätte verletzen wollen, hätte er es nicht gesagt!« Wo ist jener Heilige, der über Schimi sagt: »Lasst ihn fluchen, denn der Herr hat ihm gesagt, dass er David verfluchen soll!« (vgl. 2 Sam 16,10)? Einem Mörder hat Gott befohlen, den Propheten zu verfluchen.[6] Wie nun hat Gott ihm das gesagt? Aber weil der Prophet Erkenntnis besaß und wusste, dass nichts so wie das Erbarmen Gottes über die Seele Versuchungen bringt und dass sie vor allem zur Zeit der Not und Bedrängnis auferlegt werden, sprach er: »Lasst ihn David verfluchen, denn der Herr hat es ihm gesagt.« Warum? »Vielleicht sieht der Herr meine Erniedrigung und wendet mir Gutes zu für

---

[6] Nach altkirchlicher Vorstellung gilt David als Verfasser der Psalmen. Deshalb wird er als Prophet bezeichnet.

seinen Fluch.« Siehst du, wie der Prophet mit Unterscheidung gehandelt hat? Deshalb wandte er sich auch gegen die, die den Fluchenden vertreiben wollten, und sagte: »Was habe ich mit euch zu tun, Söhne der Zeruja! Lasst ihn fluchen, denn der Herr hat es ihm gesagt.«

Wir aber bringen es nicht über uns, von unserem Bruder zu sagen: »Der Herr hat es ihm gesagt«, sondern wir reagieren auf ein kleines Wort sofort wie ein Hund: Wenn ihm jemand einen Stein hinwirft, verlässt er den Werfenden und rennt weg und packt den Stein. So machen auch wir es: Wir verlassen Gott, der zulässt, dass die Angriffe über uns kommen zur Reinigung von unseren Sünden, und gehen auf unseren Nächsten los, indem wir sagen: »Warum hat er das zu mir gesagt? Und warum hat er mir das getan?« Und obwohl wir aus diesen Widerfahrnissen großen Nutzen ziehen können, wollen wir für uns selbst das Gegenteil, weil wir nicht erkennen, dass alles nach der Vorsehung Gottes geschieht, so wie es für jeden gut ist. Gott gebe uns Einsicht durch die Gebete der Heiligen! Amen.

*Weitere Texte
aus verschiedenen Lehren und Briefen*

9. [Über Adam:] <u>Wenn es der Mensch nicht fertigbringt, sich selbst anzuklagen, scheut er sich nicht, Gott die Schuld zu geben!</u> [...]
[Über Adam und Eva:] Aber auch nicht einer von ihnen hielt es für angemessen, sich selbst anzuklagen; auch nicht einer zeigte ein wenig Demut.

10. [Über Adam und Eva:] Nun seht einmal, wie weit es mit uns gekommen ist! Seht, in welche und wie viele Übel es uns hineingebracht hat, dass sie sich rechtfertigten, auf sich selbst vertrauten, sich von ihrem Eigenwillen beherrschen ließen, als wenn sie Kinder der Feindin Gottes, der Überheblichkeit wären! Entsprechend <u>sind Kinder der Demut diejenigen, die sich selbst anklagen, die nicht ihrer eigenen Einsicht vertrauen, die den Eigenwillen hassen.</u> Denn von ihnen wird es wohl jemandem geschenkt, wieder aufgenommen zu werden und zurückzukehren in den Zustand entsprechend unserer Natur (vor dem Fall), gereinigt durch die heiligen Gebote Christi.

91. Das ist es, was Abbas Zosimas sagte, als er gefragt wurde, was der Satz meint: »Wo keine Erregung ist, da ruht die Schlacht.« Denn wenn jemand am Anfang der Erregung, wenn sie beginnt, wie wir sagten, Rauch zu entwickeln und Funken zu sprühen, sich rechtzeitig selbst die Schuld gibt und um Verzeihung bittet, bevor lodernde Erregung entstanden ist, bleibt Friede.

101. Jede Sünde entsteht nämlich entweder aus Genusssucht, Habgier oder Ehrsucht. Genauso entsteht auch die Lüge aus diesen drei Leidenschaften. Jemand lügt, entweder weil er nicht getadelt und gedemütigt werden will oder weil er seinen Willen erfüllt bekommen will oder um eines Vorteiles willen. Er hört nicht auf, sich nach hierhin und dorthin zu wenden, indem er jedes Mittel zum Betrug benützt, bis er sein Ziel erreicht.

187. Kämpfe, in allem zu finden, dass du dich selbst anklagst, und halte mit Erkenntnis daran fest, dich nicht selbst zu beurteilen.[7] Glaube, dass bis zu den

---

[7] Der hier zugrundeliegende Begriff *(apsephiston)* ist nicht einfach zu übersetzen, weil sich dahinter eine reiche Tradition der Analyse und Erfahrung verbirgt (vgl. I. Hausherr, *Penthos,* 104). Er kann die völlige Selbstverleugnung bezeichnen, die in der Gewohnheit oder zumindest der Entschlossenheit besteht,

kleinsten Dingen durch die Vorsehung Gottes geschieht, was uns betrifft, und trage, was dir widerfährt, unerschütterlich. Glaube, dass die Schmähungen und Beschimpfungen heilende Arzneimittel für den Hochmut deiner Seele sind, und bete für die, die dich schmähen, wie für wahre Ärzte, in der Überzeugung: Wer Schmähung hasst, hasst die Demut, und wer Aufregungen flieht, flieht die Sanftmut. Wolle nicht das Schlechte deines Nächsten wissen und nimm Vermutungen über ihn nicht an. Wenn sie aber durch unsere Schlechtigkeit entstehen, sei eifrig bemüht, sie in gutes Denken zu verwandeln.

196. Überzeuge dein Herz, dass du bestimmt die Ursache für die Versuchung lieferst, auch wenn du jetzt im Augenblick den Grund nicht findest. Klage dich selbst an, hab Geduld und bete. Und ich vertraue auf die Barmherzigkeit des guten Herrn Christus, dass er die Versuchung vorübergehen lässt.

30. Es gibt wirklich nichts Stärkeres als die Demut, nichts übertrifft sie. Wenn einem Demütigen etwas

---

sich keinerlei übergeordnete Position verschaffen noch eine solche von einem anderen annehmen zu wollen (vgl. I. Hausherr, *Direction spirituelle en Orient autrefois,* 317).

Betrübliches widerfährt, schreibt er es sofort sich selbst zu, beschuldigt sich sofort, dass er es verdient hat. Er fängt nicht an, jemand anderen zu tadeln oder auf jemand anderen die Schuld zu schieben, und lebt demnach unerschüttert, ohne Bedrängnis in völliger Ruhe. Deswegen zürnt die Demut nicht, noch reizt sie jemanden zum Zorn. Deswegen sagt der Heilige sehr richtig: »Vor allem brauchen wir die Demut.«

63. Deswegen hat Abbas Poimen gesagt: »Der (sc. Eigen-)Wille ist eine Mauer aus Erz zwischen dem Menschen und Gott.« Erkennt den Sinn dieses Wortes! Und weiter hat er gesagt: »Er ist ein entgegenragender Fels, insofern er entgegensteht und sich dem Willen Gottes widersetzt. Wenn nun der Mensch ihn (sc. den Eigenwillen) verlässt, sagt auch er: ›In meinem Gott überspringe ich eine Mauer. Mein Gott, untadelig ist sein Weg‹ (vgl. Ps 18,30f).« Wie wunderbar hat er gesprochen! Denn dann erblickt jemand den Weg Gottes, der keinen Tadel hat, wenn er seinen Eigenwillen verlässt; wenn er aber seinem Eigenwillen gehorcht, erblickt er den untadeligen Weg Gottes nicht. Wenn er aber etwas von Sicherheit hört, beschwert er sich sofort, ist voll Verachtung, wendet sich ab, lehnt sich auf. Denn wie kann einer von jemandem den kleinsten

Rat ertragen oder ihm gar gehorchen, der seinem Eigenwillen folgt?

98. Glaube nun niemals deinen argwöhnischen Vermutungen, denn ein krummer Maßstab macht auch das Gerade krumm. Die Vermutungen sind Täuschungen und schaden nur ... Denn nichts ist schwerwiegender als argwöhnische Vermutungen: Sie sind so schädlich, weil sie in uns andauern und beginnen, uns zu überzeugen und uns Dinge augenfällig erscheinen zu lassen, die gar nicht existieren und nie geschehen sind.

97. Wer in seinem Denken lügt, ist einer, der Argwohn hegt. Wenn er jemanden mit seinem Bruder sprechen sieht, ist er argwöhnisch und sagt sich: »Über mich sprechen sie!« Und wenn sie das Gespräch abbrechen, argwöhnt er wieder, dass sie es seinetwegen tun. Wenn jemand ein Wort gesagt hat, argwöhnt er, dass er es gesagt hat, um ihn zu verletzen, schlicht: bei jedem Anlass beargwöhnt er den Nächsten, indem er denkt: »Meinetwegen hat er dies getan, meinetwegen hat er das getan!« So einer ist jemand, der in seinem Denken lügt. Denn er sagt nichts Wahres, sondern alles aus Argwohn. Daraus entstehen schließlich Neugier, Belauschen, Täuschen, Zanken und Verurteilen.

Es kommt aber auch vor, dass jemand eine Sache argwöhnt und sie sich zufällig durch ein Ereignis bestätigt. Deswegen, so sagt er, wolle er sich bessern und ist dauernd neugierig und denkt: »Wenn jemand gegen mich redet, sehe ich, was mein Fehler ist, den er mir vorwirft, und bessere mich!« Aber schon dieser Anfang ist vom Bösen, denn er hat aus Täuschung heraus begonnen: Unwissend hat er nur geargwöhnt, was er nicht wusste. Wie kann nun ein schlechter Baum gute Früchte hervorbringen (vgl. Mt 7,18)? Wenn er sich wirklich bessern will, wird er, wenn sein Bruder zu ihm sagt: »Tu dies nicht!« oder: »Warum hast du das getan?«, nicht aufgebracht sein, sondern um Verzeihung bitten, ihm danken und sich dann bessern. Und wenn Gott sieht, dass er einen solchen Vorsatz hat, lässt er ihn niemals in die Irre gehen, sondern schickt ihm bestimmt, was ihm zur Besserung nützt. Aber zu sagen: »Weil ich mich bessern will, glaube ich meinen argwöhnischen Vermutungen«, und dann schließlich heimlich zu lauschen und neugierig zu sein, ist ein Anspruch, im Recht zu sein, der vom Teufel kommt, der uns überlisten will.

100. Wir wollen uns daher eifrig mit unserer ganzen Kraft bemühen, Brüder, niemals unseren eigenen Vermutungen zu glauben. Nichts bringt den Men-

schen so davon ab, auf seine eigenen Sünden zu achten, weil es ihn ständig sich mit Dingen beschäftigen lässt, mit denen er nichts zu tun hat. Daraus aber entsteht nichts Gutes; daraus entstehen tausend Aufregungen, tausend Verletzungen, und dadurch befasst sich der Mensch niemals damit, die Furcht Gottes zu erwerben. Wenn uns nun die Vermutungen wegen unserer Bosheit etwas einsäen möchten, wollen wir sie sofort in gute Gedanken verwandeln, dann werden sie uns nicht schaden. Denn die Vermutungen sind schlecht und lassen die Seele niemals in Frieden. Sieh, das ist also die Lüge im Denken.

192. [Brief an einen Bruder, der ihn gefragt hat wegen der Abgestumpftheit der Seele und der Erkaltung der Liebe]

Gegen die Abgestumpftheit der Seele, Bruder, nützt das unaufhörliche Lesen der Heiligen Schrift, verbunden mit den Worten der Gott in sich tragenden Väter, die zur Zerknirschung führen, sowie die Erinnerung an die furchtbaren Urteile Gottes und das Scheiden der Seele aus dem Leib und ihre bevorstehende Begegnung mit den furchtbaren Mächten, mit denen sie das Böse in der kurzen und erbärmlichen Zeit dieses Lebens vollbracht hat; ferner, dass sie noch vor den furchterregenden und unbestechlichen Richterstuhl Christi treten wird, um nicht nur für ihre Taten, sondern auch für ihre Worte und Gedanken Rechenschaft abzulegen vor Gott und all seinen Engeln, kurz: vor der ganzen Schöpfung.

Erinnere dich unablässig auch an jenen Ausspruch, den der schreckliche und gerechte Richter denen zu seiner Linken sagt: »Geht weg von mir, ihr Verfluchten, in das ewige Feuer, das dem Teufel und seinen Engeln bereit ist« (Mt 25,41). Es ist aber auch gut, sich an die großen menschlichen Bedrängnisse zu erinnern, denn so wird die harte und abgestumpfte Seele weich und kommt zur Wahrnehmung ihrer eigenen schlechten Verfassung.

Dass aber deine Liebe zu den Brüdern schwach ist, kommt daher, dass du Gedanken des Argwohns hegst, deinem eigenen Herzen vertraust und nichts gegen deinen Willen ertragen willst. Du darfst nun vor allem mit der Hilfe Gottes in keiner Weise deinen eigenen Vermutungen Glauben schenken und musst dich mit ganzer Kraft bemühen, dich vor den Brüdern zu demütigen und für sie den eigenen Willen abzuschneiden. Wenn dich jemand von ihnen beschimpft oder anderweitig erregt, bete für ihn, wie die Väter gesagt haben, wie wenn er für dich viel Gutes täte, wie für einen Arzt deiner Vergnügungssucht. Dadurch wird auch dein Zorn abnehmen, insofern nämlich nach den heiligen Vätern die Liebe »ein Zügel des Zorns« ist. Vor allem aber bitte

Gott, dass er dir Wachsamkeit gebe und Einsicht, zu erkennen, »was sein Wille ist: das Gute, Wohlgefällige und Vollkommene« (Röm 12,2), ferner die Kraft, bereit zu sein zu jedem guten Werk (vgl. 2 Tim 3,17).

Sentenzen

17. Es ist unmöglich, dass jemand über seinen Nächsten zornig ist, wenn sich nicht zuvor sein Herz gegen ihn erhoben hat, ihn verachtet und sich selbst für ihm überlegen hält.

18. Es ist ein Zeichen, dass jemand freiwillig eine Leidenschaft zur Tat werden lässt, wenn er bei Tadel oder Zurechtweisung deswegen sich aufregt. Ruhiges Ertragen von Tadel und Zurechtweisung wegen einer Leidenschaft ist dagegen ein Zeichen, dass man sie aus Schwäche oder Unwissenheit zur Tat werden ließ.

2. Solange wir voll Leidenschaft sind, dürfen wir in keiner Weise auf unser eigenes Herz vertrauen, denn ein krummes Maß macht auch das Gerade krumm.

Jorge Mario Bergoglio / Papst Franziskus

Offener Geist und gläubiges Herz

Biblische Betrachtungen eines Seelsorgers

Aus dem Spanischen von Gabriele Stein und Bruno Kern

12,5 x 20,5 cm, 304 Seiten, gebunden mit Schutzumschlag
ISBN 978-3-451-32709-4

Das Evangelium leben: Das ist der Leitspruch des heiligen Franziskus von Assisi und prägt die Spiritualität von Papst Franziskus. Seine biblischen Betrachtungen stammen aus seiner Tätigkeit als Seelsorger. Er befragt Jesus und andere Gestalten der Bibel wie Abraham und Mose, Judit und Ijob danach, wie sie uns heute lehren zu glauben und zu beten. Dieses Buch macht deutlich, welche Vision von Kirche den neuen Papst trägt und inspiriert.

HERDER

Papst Franziskus

Mein Leben, mein Weg

El Jesuita. Die Gespräche mit Jorge Mario Bergoglio von Sergio Rubin und Francesca Ambrogetti

Aus dem Spanischen von Elisabeth Münzebrock, Maria Luisa Öfele, Ulrich Ruh, Martin Maier

12,5 x 20,5 cm, 224 Seiten, gebunden mit Schutzumschlag
ISBN 978-3-451-32708-7

Der Papst »vom anderen Ende der Welt«, der die Herzen der Menschen im Sturm eroberte, erzählt hier erstmals von seinem Leben: über seine Herkunft, seinen ungewöhnlichen Werdegang, sein Leben als Jesuit, über die düsteren Zeiten der Militärdiktatur, seinen Kampf für Arme und gegen Drogenmafia und Korruption, über die Liebe zum Tango und seine Nähe zu den einfachen Gauchos Argentiniens.

HERDER

Stefan von Kempis

Papst Franziskus

Wer er ist, wie er denkt, was ihn erwartet

Durchgehend vierfarbig bebildert
21,0 x 28,0 cm, 160 Seiten, gebunden
ISBN 978-3-451-33408-5

Papst Franziskus hat mit seiner Einfachheit und Güte im Handumdrehen die Herzen vieler Menschen gewonnen – und bei Glaubenden wie Nichtglaubenden hohe Erwartungen geweckt. In diesem großformatigen, reich bebilderten Band zeichnet Stefan v. Kempis detailliert und bunt den Weg nach, der Jorge Bergoglio, den argentinischen »Kardinal der Armen«, aus einer Einwanderervorstadt von Buenos Aires bis auf den römischen Bischofsstuhl geführt hat. Er zeigt ein facettenreiches Bild der Persönlichkeit des neuen Papstes, seines neuen Stils im Vatikan und der Aufgaben, die er lösen muss.

HERDER

Printed in Poland
by Amazon Fulfillment
Poland Sp. z o.o., Wrocław